Straßburg

**Stadtführer durch die historische Innenstadt
mit einem Ausflug zu den europäischen Institutionen**

Straßburg um 1850

Text: Marie-Christine Perillon · Fotos: AIRDIASOL, Roger Rothan

Kraichgau Verlag

Eine Stadt mit 276 000 Einwohnern, deren Zentrum auf einer Insel, gebild

von zwei Armen des Rheinzuflusses Ill, liegt.

Willkommen in Straßburg

Um es gleich vorweg zu sagen: dank des europäischen TGV ist Straßburg nur 2 Stunden und 20 Minuten von Paris entfernt und wird bald der Kernpunkt des europäischen Hoch-

geschwindigkeitsbahnverkehrs. Straßburg ist auch eine Stadt, die man am besten zu Fuß besichtigt. Das Zentrum der Stadt, „die große Insel", von der UNESCO genauso wie Venedig oder Prag zum Weltkulturerbe erklärt, ist von der Ill umschlossen. Dieser Rheinzufluss umschreibt in einem Oval die gesamte historische Innenstadt: vom ersten römischen Lager bis zu den eleganten Herrenhäusern des 18. Jahrhunderts. Diese "große Insel" ist aber nicht so groß, dass man sie nicht innerhalb einer Viertelstunde oder weniger - das hängt von der Laufgeschwindigkeit und der gewählten Route ab - durchqueren könnte. Ihre Ausdehnung von 83 Hektar umfasst in einer außergewöhnlichen Dichte architektonische Meisterwerke, unter ihnen das Münster, die Ponts Couverts („Gedeckten Brücken"), das Rohanschloss und alle anderen markanten Zeitzeugen des weltlichen und religiösen Lebens einer über zweitausend Jahre alten Stadt. Das beste ist also, sein Auto auf einem der zahlreichen umliegenden Parkplätze stehen zu lassen und seinen Weg zu Fuß oder auch mit der großen durchsichtigen Straßenbahn, welche die Stadt wie auf einem Förderband vorführt, fortzusetzen. Es ist auch möglich, sich ein Fahrrad zu mieten. Mehrere Pauschalangebote - Parkplatz und Straßenbahn, Parkplatz und Fahrrad - machen diese Lösungen sehr attraktiv. Allein die Viertel des Europarats und der „Deutschen Stadt" liegen ein wenig außerhalb und benötigen ein Fortbewegungsmittel.

Die sehr vielfältige Architektur der Stadt ließ Le Corbusier sagen, in Straßburg „würde sich das Auge nie langweilen". Dies ist ebenfalls in Sachen Kultur und Gastronomie der Fall.

Es ist wohl unmöglich, sich in einer Stadt zu langweilen, deren Kulturetat nach Paris der zweitgrößte Frankreichs ist. Eine Oper, um die zwanzig Theater - darunter das einzige Nationaltheater außerhalb von Paris - neun Museen, Kabaretts, Jazzklubs, Konzertsäle für neue Musik und nicht zu vergessen das europäische Zentrum für junge Schöpfung in der „Ancienne Laiterie", der ehemaligen Molkerei, bieten ein reichhaltiges kulturelles Angebot. Veranstaltungen wie „Musica", das Festival für zeitgenössische Musik, oder das klassische Internationale Musikfestival haben eine europaweite Anerken-

nung erlangt. Im Sommer zählen ein großes Freiluftspektakel, Konzerte, Poesielesungen sowie die Beleuchtung der Kathedrale zu einem abwechslungsreichen kostenlosen Programm, zur Freude der Straßburger und der Besucher. Letztere können übrigens das ganze Jahr über vom „Pass Strasbourg" Gebrauch machen. Er bietet drei Tage lang viele Möglichkeiten, die vielen in allen Jahreszeiten stattfindenden Attraktionen wahrzunehmen. Außerdem sollte man die möglichen Gaumenfreuden dieser Stadt bedenken, wo doch mit Sternen ausgezeichnete Restaurants und Weinstuben reichlich vorhanden sind. Die Einkehr in einem dieser Lokale bedeutet einen weiteren Schritt auf dem Weg, diese einmalige Stadt kennenzulernen.

Geschichte in Stichworten

12 v. Chr.	Errichtung eines römischen Kastells in dem Ort Argentoratum.
70	Eintreffen der 8. Legion Augusta in Argentoratum.
451	Nachdem es die Invasionen der Alemannen über sich ergehen lassen musste, wird Argentoratum von Attilas Hunnen zerstört.
496	Unter Frankenkönig Chlodwig I. (466 – 511) wird „Argentoratum", später „Strateburgum" (Stadt der Straßen), Teil des Frankenreichs. 506 besiegt Chlodwig die Alemannen endgültig.
842	Die Enkel Karls des Großen, Ludwig der Deutsche und Karl der Kahle verbünden sich gegen ihren Bruder Lothar. Die „Straßburger Eide" sind je altfranzösisch und althochdeutsch abgefasst und bilden das älteste Zeugnis der sprachlichen Verschiedenheit der West- und Ostfranken.
870	Durch den Vertrag von Meerssen bekommt Ludwig der Deutsche das Elsass. Es wird Teil des späteren Heiligen Römischen Reichs Deutscher Nation.
974	Die bischöflichen Stadtherren erhalten das Münzrecht.
1176	Baubeginn des heutigen Münsters.
1201	Straßburg hat sein eigenes Wappen: einen Engel mit ausgebreiteten Armen.
1262	Die Handwerker übernehmen die Macht, nachdem sie die bischöfliche Armee in der Schlacht von Hausbergen geschlagen haben.
1332	Die Handwerker nutzen die Streitigkeiten zwischen den adeligen Familien Zorn und Müllenheim aus, um einen Rat, an dessen Spitze ein Ammeister (Amtsmeister) sitzt, zu gründen.
1349	Die Pest und ein Massaker an den Juden erzeugen politische Unruhen.
1439	Der Spitzturm des Münsters wird fertiggestellt.
1482	Die Straßburger Verfassung wird überarbeitet, sie bleibt bis zur Französischen Revolution (1789) unverändert bestehen.
1518	Die Reformation wird mit der Veröffentlichung der lutherischen Thesen eingeführt.

1529	Der Stadtrat stimmt der Reformation zu. Das Münster bleibt bis 1681 evangelisch.
1604	Vertrag von Hagenau: Der Krieg der Bischöfe endet mit dem Sieg des katholischen Vertreters, Karl von Lothringen.
1621	Die 1538 durch Jakob Sturm gegründete Hochschule wird zur Universität ernannt.
1681	Die Truppen des Sonnenkönigs Ludwig XIV. besetzen nach kurzer Belagerung die Stadt und zwingen sie unter französische Herrschaft.
1721	Einrichtung der Straßburger Porzellanmanufaktur durch Charles-Francois Hannong.
1744	Besuch Ludwigs XV. in Straßburg, er wird mit Begeisterung empfangen.
21. 7. 1789	Das Rathaus der Stadt Straßburg wird nach Bekanntgabe der Stürmung der Bastille geplündert.
1790	De Dietrich wird Bürgermeister von Straßburg. In seinen Salons - am Broglieplatz - wird zum ersten Mal am 26. April 1792 das Revolutionslied gesungen, das später zur Hymne „Marseillaise" wird. Bilderstürmer aus Paris zerstören wertvolle Standbilder des Münsters.

1806-1808	Aufenthalt von Napoleon Bonaparte und seiner Gattin Josephine in Straßburg.

1836	Napoleon III. versucht vergeblich, die Straßburger Garnison zur Rebellion zu bewegen, um das französische Reich wiederherzustellen.

1870	Belagerung Straßburgs und darauf folgende Kapitulation vor dem Deutschen Reich. Während der Belagerung fallen wertvolle Bücher und Handschriften dem Feuer zum Opfer.

1871	Straßburg wird Hauptstadt des Reichslandes Elsass-Lothringen.
1918	Nach Abdanken Wilhelms II. richtet sich ein Arbeiter- und Soldatenrat am 10. November in Straßburg ein. Er bleibt bis zum Eintreffen der französischen Truppen, angeführt von General Gouraud (22. Nov.), bestehen.
1939	Als Kriegsvorbereitung wird die gesamte Bevölkerung Straßburgs in den Südosten Frankreichs evakuiert.
1940	Am 18. Juni trifft die deutsche Wehrmacht in Straßburg ein, das Elsass wird annektiert, und die Flüchtlinge kehren zurück.
23.11.1944	Befreiung Straßburgs durch die Truppen des Generals Leclerc.
1949	Gründung des Europarates, der beschließt, in Straßburg zu tagen.
1979	Erste Sitzung des Europaparlaments in Straßburg unter der Präsidentschaft von Louise Weiss. Allgemeine Wahlen zum Europaparlament.
1992	Im Gipfel zu Edinburgh wird Straßburg zum Sitz des Europaparlaments ernannt, was zum Bau eines neuen Parlamentsgebäudes führt. Dieses wird 1998 fertiggestellt.

Der Münsterplatz ①
(Place de la Cathédrale)

Der Münsterplatz ist der bevorzugte Anfangspunkt aller Besichtigungstouren. Er befindet sich auf der mit 144 m ü. NN höchsten Stelle der Stadt Straßburg. Ehemals fanden dort täglich Märkte für Kirschen, Brot oder Lumpen statt. Heute bleibt er wegen seines grandiosen Münsters Anziehungspunkt für eine sich ständig erneuernde Menschenmenge. Aber dort stehen auch zwei andere besonders sehenswürdige Gebäude. Das Kammerzell-Haus ist das größte und das am kunstreichsten verzierte Fachwerkhaus in Straßburg. Seine Fassade enthält 75 Fenster, deren geschnitzte Rahmen verschiedene Figuren aus der Bibel und der Mythologie darstellen, aber auch die Sternzeichen, die fünf Sinne

Im Schatten des Münsters das wohl schönste Fachwerkhaus in Straßburg, das Haus Kammerzell.

Mit seinen 75 Fenstern und den geschnitzten Darstellungen religiöser oder weltlicher Themen scheint das Haus Kammerzell mit dem Münster konkurrieren zu wollen.

und eine Reihe Musiker. Auf dem Eckbalken sind drei große weibliche Figuren abgebildet; sie stehen für die theologischen Tugenden: In Höhe des ersten Stocks erkennen wir die Barmherzigkeit in Beglei-

tung von zwei Kindern und einem Pelikan, darüber die Zuversicht, durch einen Phönix, und den Glauben, durch einen Greif symbolisiert. Im 16. Jahrhundert kaufte der Käsehändler Martin Braun das Haus

Auf dem Eckpfeiler: Darstellung der Tugend der Barmherzigkeit.

◄ *Haus Kammerzell: Erdgeschoss mit mittelalterlichen Bögen.*

das prächtige, bis heute erhaltene Renaissancegebäude ersetzt. Bis zur Mitte des 19. Jahrhunderts war das Haus unter dem Namen „Altes Haus" bekannt, es bekam erst danach den Namen des Würzburger Kräuterhändlers Philippe-Francois Kammerzell, der es ersteigerte. Im Inneren befinden sich Wandmale-

und renovierte es bis 1589. Vom ursprünglichen mittelalterlichen Bau ließ er nur das Erdgeschoss mit seinem dreifachen Bogen bestehen. Die Obergeschosse wurden durch

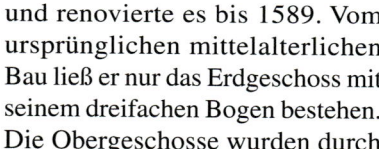

Münsterportal: Unter den strengen Blicken der Propheten bieten Künstler ihre Dienste an.

Die frühere Hirschapotheke. Heute ist hier die „Boutique Culture" (Ticketverkauf für Konzerte, Theater, Festivals usw.) untergebracht.

reien des Künstlers Léo Schnug (1878-1933), der ebenfalls die Hochkönigsburg nahe Kintzheim verzierte. Sie stellen das Narrenschiff und die Qualen des Tantalus im Stile der rheinischen Kunst des 16. Jahrhunderts dar. 1879 wurde das Haus Eigentum der Stadt. Es kam unter Denkmalschutz und beherbergt heute ein Restaurant.

Ein bisschen weiter, gegenüber dem westlichen Portal des Münsters, befindet sich die frühere Pharmacie du Cerf (Hirschapotheke), diese wurde bereits im 13. Jahrhundert urkundlich genannt. Ihr steinernes Erdge-

schoss, dessen Arkaden mit Zweigen und Schlangen geschmückt sind, stammt aus dieser Zeit. Die oberen Stockwerke im Fachwerkstil sind, wie es eine noch sichtbare Inschrift in der Sandsteinsäule beweist, von 1567. Diese Stützsäule, die ein wenig von der Fassade absteht, wird „Büchmesser" (Bauchmesser) genannt, gemäß einer Tradition, die aus der Zeit der Steinmetze stammt: Diese durften einen bestimmten Bauchumfang nicht überschreiten, da sie sonst nicht mehr durch die engen Hohlräume des Münsters hätten schlüpfen können.

13

Das Münster ②

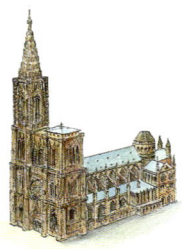

„Ein Wunder - so unermesslich, und zierlich doch zugleich": Das Münster entspricht genau dieser Beschreibung von Victor Hugo mit seiner 142 Meter hohen Spitze und seinem steinernen und doch filigra-nen Erscheinungsbild. Das Bauwerk steht auf den Grundmauern einer alten romanischen Basilika, die im Jahre 1015 der Habsburger Bischof Wernher erbauen ließ. Nachdem sie durch einen Brand zerstört worden war, ersetzte man sie durch die heutige Kathedrale. Fast vier Jahrhunderte vergingen allerdings vom Baubeginn 1176 bis zur Fertigstellung des Spitzturms 1439. Notre-Dame de Strasbourg war bis ins 19. Jahrhundert das höchste Bauwerk der Christenheit, ehe es von den Glockentürmen von Ulm und Köln überboten wurde.

Ein Teil der Krypta und der Absiden sind Überreste der alten romanischen, Wernherischen Basilika. Um 1225 revolutionierte die Ankunft von Handwerkern aus Chartres den Verlauf des Baus. Ein Baumeister, dessen Name nicht überliefert ist, machte die heimischen Steinmetze mit der bis dahin unbekannten Pracht der gotischen Kunst vertraut. Er hinterließ Meisterwerke wie den Engelspfeiler und die Statuen der christlichen Kirche, Ecclesia, und der Synagoge (Kreuzflügel, Südportal).

Im Herzen der alten Stadt steht das Münster, dessen Vorplatz stets von vielen Besuchern belagert ist.

15

Die Hauptfassade

Der Bau der westlichen Fassade begann um ca. 1270. Eines ihrer besonderen Merkmale sind die mit Durchbrucharbeiten verzierten Bögen, die vor den tragenden Mauern angebracht sind. Kunsthistoriker bezeichnen sie als „Harfenmaßwerk" im Deutschen und als „harpes de pierre" im Französischen.

Das Giebelfeld des mittleren Portals ist dem Leben Jesu Christi und dem Jüngsten Gericht gewidmet. Auf den Pfeilern des rechten Portals ist die sicherlich bekannteste Gruppe dargestellt, bestehend aus der Versuchung sowie den klugen und den törichten Jungfrauen. Auf dem linken Portal tragen die Tugenden einen großen Sieg über die Laster davon.

Ein doppelter Ziergiebel unglaublicher Leichtigkeit krönt die Portale. In der Mitte, eingebettet in einen durch 16 Blumenblätter aufgelockerten Stein-

Gepflegte Gastlichkeit vor dem imposanten Hauptportal des Straßburger Münsters.

*Öffnungszeiten der **Kathedrale**: täglich 7 - 11.20 und 12.35 - 19 Uhr. Zeiten der astronomischen Uhr: täglich um 12.30 Uhr, Einlass durch das Südportal ab 11.20 Uhr. Ticketverkauf ab 11.50 Uhr geöffnet. Filmprojektion über die astronomische Uhr: täglich um 12 Uhr. Turmbesteigung (332 Stufen) möglich.*

Notre-Dame von Straßburg, überragt von seinem einzigen, 142 Meter hohen Spitzturm. Goethe liebte es, von der Plattform aus auf die untergehende Sonne zu blicken.

Das Hauptportal schildert die Passion Jesu Christi. Die vielen grotesken Details sind Merkmale mittelalterlicher Kunst.

rahmen, erblüht die Fensterrose, die Erwin von Steinbach zugeschrieben wird. Er war von 1284 bis 1318 Baumeister des Münsters. Über der Fensterrose befindet sich die Plattform, gebildet aus zwei Türmen, die seit dem Ende des 14. Jahrhunderts durch einen Belfried verbunden sind. Von dieser Plattform kann man ein wunderschönes Panorama genießen.

Das Südportal: die Synagoge

Die mit 16 Blumenblättern umrahmte Fensterrose von Erwin von Steinbach erstrahlt wie in einem Ring eingebettete Juwelen.

Die Plattform

Die dem Publikum zugängliche Plattform bietet dem Betrachter ein groß-
artiges Panorama. An dieser Stelle ist
der Besucher aber noch nicht ganz auf
halber Höhe des Baus (66 m), obwohl
eine optische Täuschung es vom Bo-
den aus viel höher erscheinen lässt.
Auf der Plattform erhebt sich der

◀ *Von der Plattform aus
schaut man auf die Dä-
cher der Stadt.*

*Ein imposanter Spitzturm
krönt den ganzen Bau.* ▶

▼ *Das Haus Kammerzell
von oben.*

achteckige, von Ulrich von Ensingen erbaute Turm, der von Johann Hultz von Köln mit einer filigran durchbrochenen Spitze überbaut wurde. Letztere besteht aus acht Innentreppen, die in ein mit einem Kreuz gekröntem Türmchen münden. Eine Besteigung bis zur extremen Spitze war noch bis ins letzte Jahrhundert gestattet. Sie hat mehrere Schriftsteller wie Goethe und Stendhal zu Schilderungen in ihren Schriften inspiriert.

Die seitlichen Portale

Auf der Südseite des Münsters befindet sich das Uhrenportal, von allen Portalen das älteste, das noch romanischen Stils ist. Es ist mit Darstellungen der Kirche und der Synagoge geschmückt. Das Tympanon der linken Tür zeigt einen beeindruckenden „Tod der Jungfrau", die inmitten der aus aller Welt gekommenen Apostel auf ihr Ende wartet. Auf der Nordseite des Münsters erwartet den Besucher ein ganz anderes Bild: „Das Tor der Drei Könige" gibt ein gutes Beispiel für den rheinischen Stil des späten Mittelalters, während das Tympanon das Martyrium des heiligen Lorenz darstellt.

In den Monaten Juli und August wird das Münster so beleuchtet, dass die feinsten Details seiner Fassade hervortreten.

Noch unter romanischem Einfluss entstanden die Giebelfelder des Südportals.

Das Kircheninnere

Das Kirchenschiff (64 m lang, 32 m hoch) wurde durch das von Saint-Denis beeinflusst und zwischen 1240 und 1275 erbaut. Besucher sind beim Eintreten oft darüber erstaunt, dass fast alle Glasarbeiten erhalten geblieben sind. Ihr goldener Glanz beruht auf der Verwendung von lichten Tönen, wie sie die Straßburger Glasmachermeister noch heute bevorzugen.

Die ältesten Kirchenfenster aus dem 13. Jahrhundert befinden sich im nördlichen Seitenschiff und stel-

Das Orgelgehäuse von 1385 schmücken zahlreiche Figuren, u. a. der berühmte „Rohraffe".

len Kaiser des Heiligen Römischen Reiches dar. Die Jungfrau im Chor ist eine zeitgenössische Arbeit von Max Ingrand, sie wurde 1957 vom Europarat gestiftet.

Unter dem Mobiliar ist das Orgel-

im Inneren versteckter Kirchendiener Sprache verlieh, Publikumsmagnet bei den Ostermessen. Die Aufgabe dieser Puppen war das Anprangern der kirchlichen Exzesse, die vor der Reformation für Aufregung sorgten.

Die 1485 von Hans Hammer geschaffene Kanzel.

gehäuse aus dem Jahre 1385 bemerkenswert. Es ist mit bizarren Figuren verziert. Unter ihnen fällt der „Rohraffe", der brüllende Affe, auf. Während des ganzen Mittelalters waren diese beweglichen Puppen, denen ein

Ein großer Prediger aus dieser Zeit war der berühmte Geiler von Kaysersberg. Für ihn wurde 1485 die spätgotische Kanzel geschaffen, die heute noch zu sehen ist.

24

32 Meter hoch ist das imponierende Mittelschiff des Münsters.

Das Querschiff

Der nördliche Kreuzflügel stützt sich auf einen massiven romanischen Pfeiler. In diesem Teil des Baus befinden sich die ältesten Kirchenfenster des Münsters (12./13. Jahrh.). Sie zeigen die zwei heiligen Johannes, ein Urteil des Salomon und eine kleine betende Jungfrau. Die Fenster stammen aus der ersten, an dieser Stelle erbauten romanischen Kirche. Ebenfalls in der romanischen Epoche entstand der mit Fabelwesen bevölkerte Fries. Er schmückt das spätgotische Taufbecken, das Jost Dotzinger 1453 fertigte.

Eine Gruppe, in theatralischer Pose geschnitzt, erweckt die Aufmerksamkeit: Es handelt sich um eine Darstellung der Ölbergszene (1498,

Darstellung der Ölbergszene aus dem Jahr 1498.

ehemals auf dem Kirchhof der St.-Thomas-Kirche). Die eiligsten Be-

Diese Kapelle ist Johannes dem Täufer geweiht.

Unter der kunstvoll ausgemalten romanischen Kuppel der oft umgebaute Chor.

Der Engelspfeiler mit der Darstellung des Jüngsten Gerichts.

em Leben erweckt. Er erweiterte sie um ein kopernikanisches Planetarium und eine liturgische Kalenderrechnung. Die Uhr zieht vor allem das Publikum durch das Spiel ihrer Automaten an. Jeden Tag um halb eins setzen sich die gesamten Figuren in Bewegung. Sie werden dreimal von Jesus Christus gesegnet, bevor dieser die Menge segnet. Die Verleugnung des Petrus wird durch Gesänge und die Flügelschläge eines Hahns symbolisiert. Ein weiterer Vorbeimarsch einiger Figuren findet alle Viertelstunden statt: Die vier Lebensalter ziehen am Tod vorbei. Außerdem dreht ein Engel jede Stunde eine Sanduhr um. Letzlich sollte man sich die antiken Götter vom Mars bis zur Venus anschauen, die in ihren eleganten Wagen jeden Wochentag illustrieren.

Nach dem Entdecken dieser Kuriosität kann man sich dem Engelspfeiler zuwenden. Es handelt sich eigentlich um eine Darstellung des Jüngsten Gerichts aus den Jahren 1225-30. Die Figuren treten in einer filigranen Runde aus dem Stein hervor und unterstreichen so mit großem Prunk die Durchsetzung des gotischen Stils im Münster.

Man sollte auch die verschiedenen Kapellen besichtigen: St. Andreas, die älteste, St. Johannes (Grab des Konrad von Lichtenberg und Grabplatte des Nicolas Gerhaert von Leyden), St. Katharina (Kirchenfenster aus dem 14. Jahrh.) und schließlich St. Lorenz (Altar aus dem 18. Jahrh.).

sucher begeben sich als erstes in den südlichen Kreuzflügel. Der Grund: Sie haben alle von der berühmten astronomischen Uhr gehört, diesem Wunderwerk der Wissenschaft und der Technik. Sie wurde um 1570 von dem Mathematiker Conrad Dasypodius und einer Gruppe Schweizer Uhrmacher konstruiert. Nach der Französischen Revolution funktionsuntüchtig, wurde sie 1840 von Jean-Baptiste Schwilgué zu neu-

Die berühmte astronomische Uhr und ihre Automaten ziehen täglich um halb eins eine Vielzahl von Besuchern in ihren Bann.

Das Rohanschloss ③

Ab 1704 bis zur französischen Revolution standen vier Kardinäle der Familie Rohan an der Spitze des Bistums von Straßburg. Der erste unter ihnen, Armand Gaston, ehelicher Sohn Ludwigs XIV. und durch Saint Simon als der „schönste Prälat des Heiligen Kollegiums" bezeichnet, unternahm den Bau eines neuen bischöflichen Schlosses inmitten der Stadt. Ihr Anschluss an Frankreich im Jahre 1681 hatte zugleich die Rückkehr zur katholischen Konfession besiegelt. Als zugleich weltlicher Herrscher und Kirchenfürst wollte der Prälat ein prunkvolles Schloss errichten. Die Planung wurde an Robert de Cotte vergeben. Der 1730 angefangene Bau dauerte über zehn Jahre und

Der ehemalige bischöfliche Sitz, das Rohanschloss, beherbergt heute drei Museen.

 *Rohanschloss 2, Place du Château (Schlossplatz).*
Täglich, außer dienstags, von 10 - 18 Uhr geöffnet.
Informationen: Tel: 0388525000

Der Saal der Bischöfe im Rohanschloss.

bedurfte der Zusammenarbeit von Künstlern und Handwerkern aus ganz Europa. Das bischöfliche Schloss umgibt weiträumig als ein Viereck aus gelbem und rosafarbenem Sandstein einen zentralen Innenhof. Sein Haupttor geht auf den Place du Château (Schlossplatz) und liegt fast genau gegenüber dem Südportal des Münsters. Seine mit einer weiten Terrasse ausgestattete Fassade zur Ill wirkt sehr harmonisch. In ihrer Mitte tragen vier imposante Säulen ein Giebeldreieck und ein Kuppeldach im höfischen Stil. Die Thematik der Skulpturen ist von einer Seite des Baus zur anderen sehr verschieden: Eine Seite wird von religiösen und moralischen Motiven geprägt. Zum Beispiel sind über dem Eingangstor der Glaube in Form eines das Kreuz und das Evangelium tragenden Statue sowie die Enthaltsamkeit in Form eines Kindes dargestellt, das einen Löwen führt. Auf der Ill-Seite stehen weltliche Motive wie die vier Jahreszeiten, die fünf Sinne, Götter und Heroen der Antike sowie die Tagesstunden. Eine der schönsten Skulpturen ist ein Frauengesicht, dessen Augen halb geschlossen sind. Es befindet sich in der Kapelle links des Baus. Auf der Fassade im Hof kann man die vier Weltteile und die menschlichen Temperamente, die in ihrer Mitte von der Figur des Wahnsinnigen getrennt sind, erkennen. All diese Maskenmotive haben wohlhabenden Bürgern als Vorbild für die Ausschmückung ihrer Wohnhäuser gedient, und man kann sie überall in der Stadt auf einer großen Anzahl privater Gebäude des 18. Jahrhunderts wiederfinden.

Ludwig XV. war der erste Gast in den fürstlichen Gemächern, in denen man sich streng an die Versailler Etikette hielt. Aus Anlass dieses Besuches wurde die Terrasse zu dieser außerordentlichen Festlichkeit hergerichtet, wie es später auch zu Ehren Marie-Antoinettes geschah. Aber einige Jahre später war nur noch von der Halsbandaffäre die Rede, in die der Kardinal verwickelt war.

1871 und 1944 wurde das Schloss von Bomben getroffen, es hat aber jedesmal zu seinem Glanz zurückgefunden. Die Appartements umfassen den Saal des Synodiums, den Salon der Bischöfe, das königliche Schlafzimmer und einen zugleich als Bibliothek und Kapelle dienenden Raum. Der letztere sowie die kleinen Appartements, die eigentliche Wohnung mit kleineren, gemütlicheren Räumen, können besichtigt werden.

Das königliche Schlafzimmer (Salle du Dais) ist genau der Versailler Etikette entsprechend eingerichtet. Das Dekor im Rokokostil besteht weitgehend aus Spiegeln und asymmetrischen Skulpturen. Alle schmückenden Motive haben den Schlaf zum Thema: Mohnblüten, Libellen als Symbol der Träume, Figuren mit aufgesetzten Schlafmützen, die von Fledermäusen und Nachtvögeln umgeben sind usw. Sehenswert ist zudem die Bibliothek, reich ausgestattet mit Mahagoniholz und Vergoldungen, geschaffen vom

Tintenfass von Paul Hannong (ca. 1750) im Kunstgewerbemuseum.

◀ *Blick auf einen Saal des Archäologischen Museums.*

▼ *Vitrine mit Keramiken im Archäologischen Museum.*

Kunsttischler Bernard Kocke.
Vor allem ist das Schloss aber Domizil für drei außergewöhnliche Museen. Das Archäologische Museum ist eines der größten Frankreichs und ermöglicht den Einblick in mehrere Jahrtausende elsässischer Geschichte - von 600.000 v. Chr. bis 800 n. Chr. - und präsentiert sich in einer sehr zeitgemäßen Form. Das Kunstgewerbemuseum im Erdgeschoss zeigt unter anderem Porzel-

Die Schöne Straßburgerin von ▶ Nicolas de Largillière im Kunstmuseum.

Kunstmuseum: Gemälde von Canaletto (18. Jh., die Kirche Santa Maria della Salute am Canale Grande von Venedig).

lan der Hannongschen Manufaktur aus dem 18. Jahrhundert. Darunter befinden sich kostbare Stücke in der Trompe-l'œil Technik. Außerdem kann man auf diese Weise die prunkvollen, der Versailler Etikette entsprechend gegliederten Appartements der Kardinäle besichtigen.

Das Kunstmuseum wiederum zeigt einen Überblick über die Geschichte der europäischen Malerei vom Mittelalter bis 1870 mit Werken von Giotto, Memling, Raphael, Le Greco, Rubens, Canaletto, Tiepolo, Goya, Corot, Corbet u.a.

Von der Anlegestelle des Rohan-
schlosses aus - es befindet sich an
der Place du Marché-aux-Poissons
(Fischmarkt) - kommt man zu den
Booten, deren Betreiber Rundfahrten auf der Ill anbieten.

Rundfahrten *sind ganzjährig (teilweise bis in die Abendstunden) möglich. Informationen und Reservierungen: Tel. 03.88.84.13.13, www.batorama.fr*

Frauenhausmuseum ④ (Musée de l'Œuvre Notre-Dame)

Das Doppelhaus Schlossplatz 3, dessen eine Hälfte von einem gezahnten Giebel aus dem Jahre 1347, die andere von einem Schneckengiebel aus dem Jahre 1585 überdacht ist, zeugt von einer harmonischen Verbindung zwischen den Stilepochen. Das Ganze wird von dem Hôtel du Cerf (Hotel zum Hirsch) und einem Fachwerkhaus aus dem 17. Jahrhundert ergänzt. Von hier blickt man auf ein gotisches Gärtchen, das nach den Wünschen Alberts des Großen angelegt wurde, eines Dominikaners, der im 13. Jahrhundert lebte. Die angrenzenden Gebäude bilden das Museum der l'Œuvre Notre-Dame. Der Name stammt von der mittelalterlichen Stiftung, welche

Ein gotisches Gärtchen, eingerichtet nach den Wünschen Alberts des Großen (13. Jh.).

Frauenhausmuseum 3, Place du Château
Täglich, außer montags, von 10 - 18 Uhr geöffnet.
Informationen: Tel. 0388525000.

Das Frauenhausmuseum mit seinen zwei Giebeln, der eine gezahnt, der andere schneckenförmig, ein Aufeinandertreffen von Mittelalter und Renaissance.

St. Katharina und St. Magdalena, ein Gemälde von Conrad Witz im Frauenhausmuseum.

die Mittel zum Bau der Kathedrale zusammenbringen sollte. Anfangs als Museum für die Statuen des Münsters geplant, ist es heute der Gesamtheit der Kunst Straßburgs und des Hochrheins zwischen dem 11. und dem 17. Jahrhundert gewidmet. Skulpturen, Malereien, Kirchenfenster, Goldwaren und Wandteppiche zeigen deren Entwicklung. Sehenswert sind auch die Rekonstruktion des romanischen Klosters von Eschau, die Originalstatuen der Portale des Münsters, die Skulpturen des Nicolas Gerhaert von Leyden und die Stillleben von Sebastian Stoskopff. Die Magie des Ortes, besonders in der ehemaligen Loge der Steinmetze, ist noch heute gegenwärtig. Die Arbeit der Zunft der Steinmetze, denen die Instandhaltung des Münsters immer noch anvertraut ist, wird dadurch aber nicht beeinträchtigt; sie sind in andere Räumlichkeiten in der Rue de la Plaine -des-Bouchers umgezogen.

Der Verführer, Skulptur aus dem 18. Jh., im Frauenhausmuseum.

Mittelalterlicher Flügelaltar mit dem hl. Sebastian im Mittelteil.

Korduangasse - Ferkelmarkt ⑤
(Rue du Maroquin - Place du
Marché-aux-Cochons-de-Lait)

Die Rue du Maroquin - ehemals die Rue des Cordonniers (Schumacherstraße) - ist wegen der vielen Restaurants, die sich dort befinden, eine sehr belebte Straße. Durch eine schmale Öffnung blickt man von hier auf den Garten des Frauenhausmuseums. Die Fußgängerzone führt zum Place du Marché-aux-Cochons-de-Lait, dessen Name mit der nahen früheren Fleischerei, heute Historisches Museum, verbunden ist. Auffallend ist das große Fachwerkhaus mit der Nummer 1, es besitzt vorkragende Galerien aus Holz, was in der Stadt sehr selten ist. Auf dem Dach dieses Baus befindet sich eine Wetterfahne in der Form eines Schnürstiefels. Sie verweist auf den Kaiser Sigismund (15. Jh.), welcher der Überlieferung nach von Damen der Stadt zum Ball getrieben wurde, ohne die Zeit gehabt zu haben, sich Schuhe anzuziehen. Er soll hier im Laden eines Schuhmachers Halt gemacht haben, weil seine Füße ihn während des lustigen Treibens allzusehr schmerzten.

Fußgängerzone in Straßburg mit malerischen Fachwerkhäusern, überragt vom Turm des Münsters.

Das Historische Museum ⑥

Das in der ehemaligen städtischen großen Fleischerei von 1587 untergebrachte Museum bietet mit seiner neuen bühnenbildnerischen Ausstattung zwei große Kapitel der Geschichte Straßburgs, um die Vergangenheit unter einem theatralischen Licht wieder erleben zu können:
- die Freistadt des römischen heiligen Reichs deutscher Abstammung (1262-1681)
- die Freistadt der königlichen und Revolutionszeit (1681-1800) bis zum Tod des Generals Kléber.
Schwerpunkte der Ausstellung sind das große Modell aus dem Jahre 1727 und die virtuelle hochtechnologische audiovisuelle Vorstellung.

Das Historische Museum ist in der ehemaligen großen Fleischerei von 1586 untergebracht.

Das Historische Museum:

Täglich, außer montags, von 10-18 Uhr geöffnet.
2, rue du Vieux Marché aux Poissons – Tel. 0388525000

40

Der Rabenhof ⑦

Die Rabenbrücke, die auch Marterbrücke heißt, ist ein Ort, an dem es uns noch heute manchmal schaudert. Hier wurden im Mittelalter die zum Tode Verurteilten in Eisenkäfige gesperrt und in der Ill ertränkt. Gegenüber, hinter einer unauffälligen Fassade am Quai des Bateliers 1 nig von Preußen, 1740. Auch der nicht aufgelistete Gérard de Nerval war hier Gast, sein bewegter Aufenthalt im September 1836 wird von Alexandre Dumas beschrieben. Der sonderbarste Teil des Gebäudes mit seinen Holzgalerien, dem Treppen-

Der Rabenhof, eine der ältesten Herbergen Straßburgs.

(Anglerkai), verbirgt sich die älteste Herberge von Straßburg. Sie wurde 1306 zum ersten Mal erwähnt und hieß „Zum Rappen", was sich in „Zum Raben" umwandelte. Im gepflasterten, mit einem Renaissancebrunnen geschmückten Hof im Schatten eines großen Kastanienbaums befindet sich eine Kupferplatte, die an die bekanntesten Gäste der Herberge erinnert, u.a. den Marschall Turenne im Jahre 1647, Johann Kasimir, König von Polen, 1669 und Friedrich den Großen, Kö- turm und dem Laufsteg stammt aus dem Jahre 1632. Im Erdgeschoss hinter großen Holzflügeln befanden sich die Ställe, wo man Pferd und Wagen unterbringen konnte. Vom 18. Jahrhundert an bis zu seiner Schließung im Jahre 1854 diente die Herberge auch als Pferdepost. Hinten im Hof steht ein hohes Gebäude mit Fenster- und Giebelerkern, hinter denen sich vermutlich der Gemeinschaftssaal befand. Das Haus wurde in der Zwischenzeit renoviert und dient heute als Hotel.

Das Elsässische Museum ⑧

Wenn man den Rabenplatz überquert und den Quai St. Nicolas entlang läuft, kommt man zum Elsässischen Museum. Es entstand gegen Ende des letzten Jahrhunderts und belegte damals nur eines der schönen Renaissancehäuser am Ufer der Ill. Seitdem hat es aber auch die Nachbarhäuser in Beschlag genommen, womit es mehr Raum für seine Schätze gewonnen hat. Dieses Museum für Volkskunst bietet Elemente aus dem traditionellen elsässischen Leben, es ist rund um bestimmte Themen organisiert: das Wohnen und die Möbel sowie die Feierlichkeiten des Lebens in ihren religiösen und weltlichen Darstellungsformen. Vieles ähnelt mehr einem privaten Haushalt als einem Museum: Alles wirkt so lebendig, dass man fast erwartet, die Figuren würden jeden Moment zum Leben erweckt : Die Suzel trocknet sich die Hände in ihrer Schürze, in der Stube scheinen die Bewohner gerade zum Feld gegangen zu sein. Diese und andere Rekonstruktionen von Inneneinrichtungen - von der eines Winzers aus Ammerschwihr bis zu der eines Markthändlers aus dem Münsterland - werden ergänzt durch historische Werkstätten wie einer Schmiede, einer Seilerei, einer Blumenbinderei, usw. Es ist ein Museum, in dem der Besucher ständig Originelles und Landestypisches aufstöbern kann.

Das Aushängeschild des Elsässischen Museums, 1906 entworfen von Paul Braunagel.

Elsässisches Museum 23, Quai Saint-Nicolas,
Täglich, außer dienstags, von 10 - 18 Uhr geöffnet.
Informationen: Tel. 0388525001

*Die Wintzen-
heim Stube.*

*Die Küche des
Elsässischen
Museums.*

Betschdorfer Töpferwaren.

*Ein Taufge-
schenk.*

*Der Winzer-
saal.*

St.-Thomas-Kirche ⑨

Eine sehr schöne Promenade am Ufer der Ill erreicht man, wenn man die St.-Nicolas-Brücke überquert und gegenüber der gleichnamigen Kirche in der Rue de la Douane (Zollgasse) 1 die kleine Treppe bis zur Ill heruntersteigt. Von da aus folgt man dem Ufer zur St.-Thomas-Brücke, die aufgrund ihrer für damalige Verhältnisse modernen Metallkonstruktion von ca. 1840 bereits zu den historischen Bauten zählt.

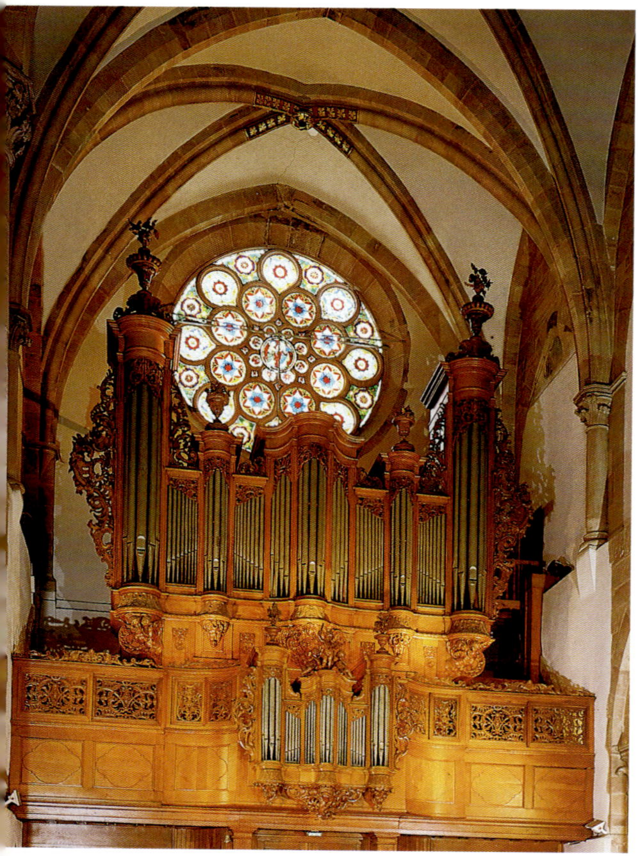

Die Orgel in der St.-Thomas-Kirche, auf der Albert Schweitzer viele Konzerte gab.

> *St.-Thomas-Kirche*
> *Kirche ist ganzjährig geöffnet.*
> *Informationen: Tel. 0388321446*

St.-Thomas-Kirche: Blick durch das Mittelschiff der Hallenkirche auf den Chor mit dem Mausoleum des Marschalls von Sachsen.

Hier kommt man wieder hinauf zur Straße, wo die an ihrem massiven romanischen Glockenturm erkenntliche St.-Thomas-Kirche steht. Sie wurde von irischen Mönchen gegründet und zwischen dem 12. und dem 15. Jahrhundert erbaut. Ihre Gemeinde war die erste, die sich zum Protestantismus bekannte, als sich die Stadt 1529 zur Reformation bekehrte. Heutzutage ist sie die größte lutherische Pfarrgemeinde im Elsass.

Das Innere des Gotteshauses hat die Form einer Hallenkirche, gekennzeichnet von einem Mittelschiff und zwei Seitenschiffen gleicher Höhe, wie man sie im Rheinland und in den Niederlanden antrifft. Die Kirche ist ein richtiges Museum für Grabdenkmäler u.a. mit dem Grab des Bischofs Adeloch aus dem 12. Jahrhundert. Auch viele berühmte Professoren der Straßburger Universität sind hier begraben. Am bekanntesten ist das Mausoleum des Marschalls von Sachsen, das den Chor schmückt. Es stammt von dem Bildhauer Jean-Baptiste Pigalle, besteht ganz aus weißem Marmor und gehört zu den Meisterwerken der französischen Bildhauerei des 18. Jahrhunderts: Der Marschall begibt sich majestätisch zu seinem Grab, umgeben von Tieren. Diese stehen für die Nationen, die er im Lauf seiner steilen militärischen Karriere im Dienste Ludwigs XV. besiegte. Um in den vollen Genuss der Atmosphäre der Kirche zu kommen, sollte man sich ein Konzert auf der Silbermann-Orgel anhören, die für ihren hervorragenden Klang weltberühmt ist. Albert Schweitzer, der Friedensnobelpreisträger, spielte sie oft, als er in Straßburg lebte.

Ein Meisterstück der Bildhauerkunst: das Mausoleum des Marschalls von Sachsen, geschaffen von Jean-Baptiste Pigalle.

Tag und Nacht durchqueren die Boote die „Petite France" auf ihren Besichtigungs-fahrten.

Auf dem Benjamin-Zix-Platz findet man Kunstmaler wie auf dem Montmartre.

Die belüfteten Dachböden der Häuser dienten den Gerbern damals zum Trocknen ihrer Produkte.

„Petite France" lädt zu einer Bootsfahrt ein.

eiserne Drehbrücke, die sich immer wieder zum Passieren der Touristenboote öffnet. Ein wenig Geduld ist dann nötig, bis die Fußgänger drankommen. Man kann aber die Zeit nutzen, um sich die markanten Skulpturen der Goethe-Stiftung anzusehen, die dort aufgestellt sind. Der Weg führt dann an pastellfarbenen, sich im Wasser spiegelnden

Häusern entlang zu den Ponts Couverts (Gedeckten Brücken), die mit vier mittelalterlichen Türmen auf sich aufmerksam machen. Diese viereckigen, massiven Türme sind Überreste der Stadtbefestigung, die ehemals über 80 Wehrtürme zählte. Sie stammen von der dritten Erweiterung der Stadt um 1230/1250 und trugen dazu bei, der freien Reichsstadt jahrhundertelang ihre Unabhängigkeit zu bewahren. Die bis heute erhaltenen tragen die Namen Henkersturm, Heinrichsturm, Hans-von-Altheim-Turm und Franzosenturm und dienten lange als Gefängnis. Die einstigen Holzbrücken - die ältesten der Stadt, ehemals befestigt wie das Ponte Vecchio in Florenz - haben ihre Dächer im 18. Jahrhundert verloren und wurden im 19. Jahrhundert durch Brücken aus Stein ersetzt.

Gegenüber befindet sich der Vaubandamm, dessen Bau Ludwig XIV. gleich nach dem Anschluss der Stadt an Frankreich 1681 befahl, um die alten Befestigungen zu verstärken.

Es handelt sich dabei um einen Staudamm, der mit einer Schleuse ausgestattet war. Im Falle einer Invasion war es so möglich, die Südfront der Stadt zu überfluten. Heutzutage dient die Plattform dieses militärischen Baus als Aussichtsterrasse. Von diesem Punkt aus erkennt man den Aufbau des Stadtviertels in Form eines bebauten Flussdeltas, bestehend aus vier Kanälen mit den Namen Zornmühle, Dinsenmühle, Spitzmühle und Schifffahrtskanal. Diese Namen erinnern daran, dass die Gerber Müller zu Nachbarn hatten, auch wenn die großen Mühlen inzwischen längst verschwunden sind. Zwischen den Kanälen sind

Mittelalterliche Türme, Überreste der einstigen Stadtbefestigung.

ansehnliche kleine Grünflächen angelegt worden. Über den Dächern und Baumwipfeln erkennt man die Glockentürme der wichtigsten Kirchen von Straßburg. Im Vordergrund erhebt sich die erstaunlichste unter ihnen: Saint-Pierre-le-Vieux (St. Peter der Ältere) mit ihren zwei Türmen, deren einer katholisch, der zweite evangelisch ist.

Die andere Seite der Terrasse bietet eine völlig unterschiedliche Ansicht:

Blick vom Vaubandamm auf die „Gedeckten Brücken", einst eine Holz-

Das Hôtel du Département (Verwaltung) des Architekten Vasconi und das Museum für Moderne Kunst von Adrien Fainsilber - mit seiner riesigen, nachts hell erleuchteten Fensterfassade - kontrastieren mit dem kleinen Glockenturm der ehemaligen Kommandantur Saint Jean (heute Sitz der Staatlichen Verwaltungsakademie - ENA) und verleiten zu einer Reise zwischen den Jahrhunderten.

brücke mit Dach geschützt durch die massigen Wehrtürme.

Das Museum für moderne und zeitgenössische Kunst ⑪

Vom Architekten Adrien Fainsilber entworfen und im November 1998 eingeweiht, blickt das Museum mit seiner die Ill überragenden Aussichtsterrasse auf die Petite France. Gleich beim Eintreten wird der Besucher aufgefordert, eine große Halle - eine richtige innere Straße - zu durchqueren, von wo er die verschiedenen Hallen und Einrichtungen wie die Boutique, das Auditorium oder das Café-Restaurant erreichen kann. Alle bedeutenden Kunstströmungen vom Ende des 19. Jahrhunderts bis zur ersten Hälfte des 20. Jahrhunderts sind hier vertreten: Werke von Gauguin, Rossetti, Rodin, Bonnard, Braque, Picasso, Richiez, Kudo, Schönbeck nebst denen des Fluxus und der Arte Povera. Künstlern elsässischer Herkunft oder solchen, die im Elsass arbeiteten, wurde ein großer Raum reserviert. Wie eine riesige Vitrine wirkt die gänzlich durchsichtige Halle gleich vorn am Eingang, die Hans (Jean) Arp gewidmet ist. Ein wenig weiter findet man eine andere Halle, die speziell zur Aufnahme der Werke des Gustave Doré entworfen wurde und u.a. die monumentale Malerei mit dem Namen „Der Christ verlässt den Gerichtssaal" enthält.

Die Hauptfassade des Museums für Moderne Kunst.

Das Museum für moderne und zeitgenössische Kunst
1, place Hans-Jean Arp. Täglich, außer montags, von 10-18 Uhr geöffnet.
Informationen: Tel. 0388233131

▲ Schöner
Sprung.
Zeitgenössi-
sche Werke
im Museum
für Moderne
Kunst.

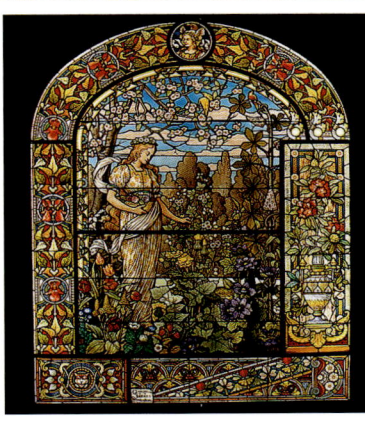

◀ Frühlings-
allegorie.

Frau und Segel-
schiff von Mar-
celle Cahn. ▼

Plastik von
Hans Arp. ▼

Platz des Eisernen Mannes ⑫
(Place de l'Homme-de-Fer)

Ohne besondere Merkmale bis dahin, wurde der Place de l'Homme-de-Fer mit der Inbetriebnahme der Tram völlig umgebaut. Die große Rotunde aus 700 qm Glas ist seitdem ihr Markenzeichen, sie gehört zu einer immer wichtiger werdenden Straßenbahnhaltestelle. Außerdem ist der Platz zu einer Umsteigestelle zwischen den verschiedenen Verkehrsmitteln geworden, da sich hier auch Bus- und Taxihaltestellen befinden. Er bildet somit eine Art Vorzimmer für die Fußgängerzone. Der eiserne Mann, der dem Platz seinen Namen gibt, ist immer noch vorhanden und zwar als Ladenschild einer Apotheke mit der Abbildung eines Mannes in Rüstung aus dem 17. Jahrhundert. Bis 1681 mussten nämlich alle Mitglieder der Straßburger Zünfte so bewaffnet beim Läuten der Alarmglocke vor dem Münster erscheinen, um die Stadt gegen einen eventuellen Angreifer zu verteidigen. Der heutige Eiserne Mann ist eine Kopie, das Original wird im Historischen Museum aufbewahrt.

Die Rotunde ist zum Wahrzeichen des Platzes des Eisernen Mannes geworden.

Kleberplatz ⑬ (Place Kleber)

Der Kleberplatz bildet das echte Zentrum der Stadt, besonders seit dessen Erweiterung und Renovierung. Moderne Leuchten und frisch gepflanzte Bäume umgeben die seit 1840 auf ihrem Sockel thronende Statue des in Straßburg geborenen hier eine große Kirche nebst einem Franziskanerkloster den größten Teil des Raumes. Zu dieser Zeit hieß der Platz noch Barfüßerplatz. Im 18. Jahrhundert wurde er zum Appellplatz: Militärgesänge folgten kirchlichen Chorälen und Paraden

Vor der Hauptwache des 18. Jh. fährt die sehr zeitgenössische Straßenbahn.

Generals Kleber. Eine große Ansammlung von Fahnen flattert hier farbenfroh im Wind. Die meisten Feste und anderen öffentlichen Veranstaltungen finden auf diesem Platz einen stimmungsvollen Rahmen. Im Mittelalter beanspruchte

den Prozessionen.

Durch Jean-Francois Blondel erbaut, sollte die Hauptwache (Aubette) das Wachkorps beherbergen, das in der Morgendämmerung (franz. „aube") seine Befehle bekam. Nach 1870

wurde der Bau zum Musikkonser-
vatorium. Zu diesem Anlass wurde
er renoviert und mit Medaillons
ausgestattet, auf denen Musiker wie
Mozart, Gluck oder Händel abgebildet sind. Diese sind heute noch
zu sehen. Später richtete sich dort
ein Restaurant ein, dessen Dekora-
tion vom Straßburger Hans (Jean)
Arp, seiner Frau Sophie Taeuber
und Théo Van Doesburg in Auftrag
gegeben wurde. Es handelte sich
damals um einen gewagten Vergnü-
gungskomplex mit Teesalons, Kino,
Ballsaal, Billard, Nachtclub, usw.

Der heute unter Denkmalschutz
stehende „Ciné-Bal" (Kino-Ball)
wurde kürzlich renoviert.

Der kolossale Kleberplatz . . .

. . . und sein lebendiges Treiben.

Der Gutenbergplatz ⑭

Wöchentlich stellen am Fuße der 1840 errichteten Statue Gutenbergs Buchhändler (Second Hand, modernes Antiquariat) ihre Stände auf. Straßburg war dem Erfinder des Buchdrucks eine Statue schuldig, wo er doch hier das Prinzip des Drucks mit austauschbaren Buchstaben aus Metall entwickelte. Zu dieser Zeit war er noch ein junger

Und es wurde Licht!
(oder: Gutenberg brachte die
Aufklärung nach Straßburg und
in die ganze Welt.)

Mainzer Patrizier im Exil, geplagt von Geldsorgen, der mit seiner Erfindung nur ungläubiges Erstaunen hervorrief. Dies änderte sich jedoch, als er 1455 die erste gedruckte Bibel veröffentlichte. Die Statue des Gutenberg ist dem Bildhauer David d'Angers zu verdanken, einem anerkannten Künstler der Romantik. Die Festlichkeiten bei ihrer Enthüllung dauerten über drei Tage, während denen die Straßburger Zünfte im Festgewand vorbeizogen. Auf dem Sockel verdienen vier Tafeln, welche die Wohltaten des Buchdrucks in aller Welt rühmen, unsere Aufmerksamkeit. Es ist unvorstellbar, welches Aufsehen diese Europa gewidmeten Tafeln damals erregten. Der Künstler wollte nämlich eigentlich unter anderem Luther und Bossuet abbilden. Aber der Aufruhr, den er so unter Katholiken und Protestanten erzeugte, veranlasste ihn, die umstrittenen Figuren durch die des Erasmus von Rotterdam und des Montesquieu zu ersetzen, zweier großer Verfechter der Toleranz.
Die Erfindung des Buchdrucks hat unzweifelhaft zum Wohlstand der Stadt beigetragen. Während des ganzen 15./16. Jahrhunderts war Straßburg eines der Zentren des Buchdrucks. Sie übernahm eine wichtige Rolle in der Verbreitung der protestantischen Ideen. Die un-

Eine kleine Pause zu Füßen der Statue Gutenbergs.

zählbaren Bücher aus den Straßburger Druckereien waren oft prachtvoll mit Bildern berühmter Künstler wie Hans Baldung Grien verziert, dessen Stiche im Frauenhausmuseum (Œuvre Notre-Dame) ausgestellt sind. Aus dieser Zeit großen intellektuellen und künstlerischen Schaffens stammt das herrliche Renaissancegebäude. Durch Hans Schoch 1585 erbaut, ist es typisch für die elsässische Kunst, eine originelle Mischung vielfältiger Einflüsse. Seine Fassade ist mit antikeähnlichen Säulen geschmückt, obgleich sein Spitzdach mit den vielen Luken eher traditionell bleibt. Diese gewagte Architektur bescherte dem Elsass eines seiner schönsten Bauwerke des 16. Jahrhunderts. Damals sah die Fassade übrigens viel fröhlicher aus als heute, sie war nämlich mit bunten Fresken bemalt, wie es zu jener Zeit üblich war. Der Bau diente zeitweise als Rathaus und wurde während der Französischen Revolution geplündert. Heute hat sich dort die Industrie- und Handelskammer des Départements eingerichtet, in den gewölbten Räumen des Erdgeschosses sind oft Ausstellungen zu besichtigen.

Der Platz ist mit dem Münster durch die Rue Mercière (Krämergass) verbunden. In dieser Straße fallen besonders die Fachwerkhäuser wie die mit den Nummern 2 und 4 ins Auge sowie ein wunderbarer schmiedeeiserner Balkon aus dem 18. Jahrhundert (Nummer 8).

Spießgasse (Rue des Hallebardes)

Die Rue des Hallebardes war ursprünglich die pretorianische Allee des römischen Militärlagers, aus dem einst Straßburg entstand. Heutzutage erinnern an den Fassaden befestigte Hellebarden an die Waffenschmiede, die sich hier im Mittelalter niedergelassen hatten. Bei Haus Nummer 5 wurde ein schönes, reichlich verziertes Erkerfenster aus dem Jahre 1654 wieder an der Schauseite eines im letzten Weltkrieg zerstörten Gebäudes angebracht. Die interessantesten Fassaden aus dem 18. Jahrhundert befinden sich an den Häusern Nummer 7, 8, 12, 13 und 16. Das Gebäude mit der Hausnummer 22 ist eines der ältesten Fachwerkhäuser aus der Renaissance, wie es das Datum (1528) auf der Eckkonsole beweist.

Münsterstraße (Rue du Dôme)

Die ehemalige Hauptallee des römischen Lagers, die jetzt Rue du Dôme heißt, ist heute Fußgängerzone. Sie ist umrahmt von auffallenden Mietshäusern des 18. Jahrhunderts, die den Domherren des Großen Kapitels des Münsters gehörten. Das größte ist das zwischen Hof und Garten liegende Hotel Livio mit der Hausnummer 8, das einem ehemaligen Bürgermeister Straßburgs seinen Namen verdankt.

◀ Die Rue Mercière führt auf das Münster zu.

Eine der Straßen des „Goldenen Viertels": die Spießgass mit Läden und Gaststätten.

Broglieplatz ⑮
(Place Broglie)

An diesem Ort wurden im Mittelalter die Reitturniere ausgetragen. Er blieb lange Zeit Ödland, bis 1730 der militärische Gouverneur von Straßburg den Entschluss fasste, ihn anzulegen. Francois Marie, Herzog von Broglie, einer der angesehensten Generäle Ludwigs XV., konnte sich nicht mit einem solch tristen Nachbargelände anfreunden, wo doch das prunkvolle die Soldaten in ihren Paradeuniformen sich an Eleganz übertrafen. Ein erstes Theater, das einem Brand im Jahre 1800 zum Opfer fiel, wurde zwanzig Jahre später durch den jetzigen Bau ersetzt, der durch seinen von Darstellungen der Musen geschmückten Säulengang gefällt. Heute kann man dort in dunkelroten Veloursesseln in einem dem italie-

Die Skulpturen der Musen bilden die Verlängerung der Säulen am Eingang der Straßburger Oper.

Haus der Hanau-Lichtenberg - heute gehört es zum Rathaus - gegenüber gebaut worden war. So wurde eine neue Promenade geschaffen, wo die Damen in großer Aufmachung und nischen Stil nachempfundenen Saal die Aufführungen der „Opéra du Rhin" (Städtisches Theater) verfolgen. Gegenüber dem Gebäude ragt ein Obelisk in den Himmel, zu Ehren des Generals Leclerc errichtet, der als Befehlshaber der 2. Panzerdivision Straßburg am 23. November 1944 aus der deutschen Umklammerung befreite. Das parallel zum Platz verlaufende Gebäude, zu erkennen an den aufgestellten Kanonen, dient als Offizierskasino. Daneben steht die Statue des in Straßburg geborenen Generals Kellermann. Ein wenig weiter befindet sich das Gebäude der Banque de France (Französische Bank), dessen Fassade zwei Medaillons trägt: Eines ist eine Abbildung von Rouget de Lisle, Leutnant der Rheinarmee, der am 26. April 1792 zum ersten Mal die Marseillaise in den Salons des Bürgermeisters De Dietrich er-klingen ließ, das andere erinnert daran, dass Charles Foucault hier 1858 geboren wurde. Zweimal in der Woche findet auf diesem Platz ein großer Markt statt. Im Dezember ist er Schauplatz des berühmten „Christkindelsmäriks", des großen Straßburger Weihnachtsmarkts, wo

Die Empfangssäle des Rathauses, ehemals Wohnpalast der Hanau-Lichtenberg.

in dicht gereihten Ständen vor allem Tannenbäume, Christbaumkugeln, Lametta und Süßwaren angeboten werden.

Vor der Oper der Obelisk und die Statue des Generals Leclerc.

Republikplatz ⑯
(Place de la République)

Mit seinen gestutzten Eiben, den geradlinigen Beeten und den Alleen, die in seiner Mitte am Mahnmal zusammentreffen, vermittelt der Republikplatz den Eindruck eines französischen Gartens. Aber die Gebäude ringsum erinnern eher an Leipzig, Berlin oder Wien. Diese Kolossalbauten im Neorenaissancestil waren während der Herrschaft Wilhelms I. und des Kaisers Franz-Joseph in Mode. Im Jahre

Luftaufnahme vom Republikplatz, wo dem Rheinpalast die Bibliothek und das Theater, zwei nationale Einrichtungen, gegenüberstehen.

Der 1889 eingeweihte Rheinpalast, errichtet im Stil der Neorenaissance.

1870 annektiert, sollte Straßburg zur Hauptstadt des Reichslandes Elsass-Lothringen aufgebaut werden. Weniger als zwanzig Jahre dauerte es, bis der Platz mit diesen Gebäuden im reinsten wilhelminischen Stil versehen war. Der Platz der Republik sollte als Prunkstück der neuen Herrscher dienen, seine Bauten sollten die neuen Behörden gebührend repräsentieren. Der Platz war gleichzeitig Verbindungspunkt zwischen der von der Ill begrenzten Altstadt und den neuen, auf 400 ha im Nordosten angesiedelten Stadtteilen. Fünf Gebäude umgeben den Platz; das imponierendste ist der Rheinpalast, welcher der National- und Universitätsbibliothek und dem ehemaligen Sitz des Landtages von Elsass-Lothringen - heute National-theater - gegenübersteht.

Die National- und Universitätsbibliothek von Straßburg (BNUS) besitzt viele Merkwürdigkeiten. Sie ist in Frankreich die einzige, die diesen doppelten Status aufweist und mit über drei Millionen Bänden die zweitgrößte nach Paris. Außerdem besitzt sie reich ausgestattete Sondersammlungen. Schließlich ist auch das Gebäude selbst ungewöhnlich, ein dem venezianischen Stil nachempfundener Neorenaissancepalast. 1895 richtete sich dort die Kaiserliche Universitäts- und Landesbibliothek ein. Der Bau wurde von den zwei Leipziger Architekten August Hartel und Skjold Neckelmann errichtet. Die Fassade ist mit angereihten Medaillons verziert, wo Gottfried von Straßburg die noch berühmteren Dichter Molière und Shakespeare zu seinen Nachbarn zählt. Eine Glaskuppel krönt den mittleren Teil des Baus, darunter finden 80 Leser in einem kathedralenähnlichen Saal Platz.

Der Rheinpalast ist ein Koloss aus gelbem Sandstein und eine Mischung aus den Kunstrichtungen der Antike, der Renaissance und des Barock. Er wurde speziell für Kaiser Wilhelm I. gebaut. „Kolos-

sal" soll dieser gesagt haben, als er die Pläne des jungen preußischen Architekten Hermann Eggert betrachtete. Aber Wilhelm I. hat sich nie dort aufhalten können, er starb nämlich 1888, als der Bau sich gerade in seiner Endphase befand, und es war sein Enkel Wilhelm II., der im darauffolgenden Jahr in großem Pomp den kaiserlichen Palast einweihen konnte. In diesem außergewöhnlichen Bau haben die Dekorationen nicht viel von ihrem ehemaligen Glanz verloren. Die

Die vergängliche Pracht der aufblühenden Magnolien umrahmt das Mahnmal der trauernden Mutter.

monumentale Eingangshalle jedoch mit ihren drei Treppen, den Brunnen aus orangefarbenem Marmor und den Fresken ist geradezu umwerfend. Dieses Opernbühnenbild wird vom schwachen Licht von Kirchenfenstern beleuchtet. In dem Gebäude sind heute die Ämter für kulturelle Angelegenheiten und die Kommission für die Rheinschifffahrt untergebracht, und es kann daher, ausgenommen dem Eingangsbereich und gelegentlich dem Audienzsaal, nicht besichtigt werden.

Ein anderes Doppelhaus, in dem heute das Finanzamt und die Präfektur residieren, bildet mit der Avenue de la Paix (Friedensallee) den Rahmen für ein wunderbares Fotomotiv mit dem Münster. Im Zentrum des Platzes steht das eindrucksvolle Mahnmal aus dem Jahre 1936: Es zeigt eine Mutter mit ihren zwei Söhnen, der eine für Deutschland, der andere für Frankreich gefallen.

Das Tomi Ungerer Museum – Internationales Zentrum der Illustration

Tomi Ungerer, international bekannter Künstler, wurde 1931 in Straßburg geboren und begann seine Aktivitäten im Jahre 1957 in New York. Die Tomi-Ungerer-Sammlung ist das Ergebnis mehrerer Schenkungen, die der Straßburger Zeichner und Illustrator seiner Heimatstadt seit 1975 überließ. Sie umfasst 8.000 Originalzeichnungen und Drucke sowie einen wichtigen Dokumentationsfundus über Ungerer und den Themenbereich Illustrationskunst. Weiterhin gehören 6.000 Objekte aus der persönlichen Spielzeugsammlung des Künstlers dazu.

«Mine de Rien » (« So als ob nichts wäre »), 1980
Bleistift und grüne Tusche auf Pauspapier
© Museen der Stadt Straßburg / Tomi Ungerer
Foto: Mathieu Bertola

Villa Greiner, 2 av. de la Marseillaise, 67000 Straßburg.
Tel. 0369063727.
Öffnungszeiten: Täglich, außer dienstags, von 10-18 Uhr geöffnet.

Die St.-Pauls-Kirche ⑰

Hinter der Universitätsbrücke verzweigt sich die Ill, um die St.-Helena-Insel zu bilden. An dieser Stelle ragt majestätisch die St.-Pauls-Kirche empor. Die neogotische Architektur der von Salomon zwischen 1889 und 1892 erbauten Kirche ist vom St.-Elisabeth-Münster von Marburg inspiriert. Sie diente ursprünglich als protestantische Kirche der deutschen Militärgarnison, bis sie 1918 Gemeindekirche für die reformierte Gemeinschaft von Elsass-Lothringen wurde.

Die St.-Pauls-Kirche: ein imposanter Standort für diese neogotische Kirche, die 1889 als Garnisonskirche erbaut wurde.

Der Universitätspalast ⑱

Unter allen Bauwerken der deutschen Architektur gegen Ende des 19. Jahrhunderts ist der Universitätspalast eines der harmonischsten. Er wurde 1884 durch den Karlsruher Architekten Otto Warth erbaut. Die Außenansicht des Gebäudes, zu dem eine große Treppe führt und dessen Fassade mit Säulen belebt wird, ist den genuesischen Palästen der italienischen Renaissance nachempfunden. Die Fassade aus gelbem Sandstein wird von einer Reihe von Statuen berühmter Persönlichkeiten - von Leibniz bis Kant - geziert. Im Inneren spendet eine Fensterwand Licht für eine weiträumige Aula aus Marmor, die von einer ehemals rot gestrichenen Galerie umrandet ist. Aber der Universitätspalast ist nur der vordere Flügel eines großflächigen Komplexes aus Instituten, der um eine 8 ha große Gartenanlage gebaut wurde. Im Laufe der Jahre hatte sich der Garten von seiner ursprünglichen Ordnung zu einer urwaldähnlichen Wildnis entwickelt. Mit einer vor kurzer Zeit unternommenen Renovierung hat

Einer der bekanntesten Studenten Straßburgs: Johann Wolfgang von Goethe.

Das Planetarium: „Kosmisches Kino", täglich geöffnet
Die große Kuppel des Observatoriums:
In einer Atmosphäre wie in den Romanen des Jules Verne werden die optischen und mechanischen Fähigkeiten des Teleskops während nächtlicher Beobachtungen der Sterne und der Planeten vorgeführt.
Auskunft unter der Telefonnummer 03 68 85 24 50.
Zoologisches Museum: 29, Boulevard de la Victoire.
Täglich, außer dienstags, von 10-18 Uhr geöffnet.
Informationen: Tel. 03 68 85 04 85

Die Gärten vor und hinter dem Universitätsgebäude gehören zu den beliebtesten Aufenthaltsorten der Stadt.

er jetzt zu seiner Pracht zurückgefunden und ist wieder zum ruhigen Promenadenort geworden, was zu seiner Bestimmung passt. Auch wenn die meisten Gebäude für wissenschaftliche Tätigkeiten bestimmt sind, sind das Zoologische Museum, die Wissenschaftliche Galerie, das Seismologische Museum, die große Kuppel des Observatoriums, das Planetarium sowie der Garten selbst dem Publikum zugänglich. Sie alle sind Elemente eines wissenschaftlichen Gartens, der als Bindeglied zwischen der Stadt und der Universität gilt.

Das Zoologische Museum

Der Besucher kann hier sehr unterschiedliche Landschaften wie die Polarregionen oder die Ufer des Tanganjikasees und seltene oder ausgestorbene Tierarten entdecken. Auch kann er hier die Vielfalt der elsässischen Tierwelt erkunden oder im Kuriositätenmuseum von Jean Hermann, dem Gründer des Museums, die Geschichte des Museums verfolgen. Eine Bibliothek und „Entdeckungsateliers" für Kinder tragen zum Reiz des Museums bei.

Die Tiere in den Vitrinen des Zoologischen Museums erwecken den Wissensdurst.

Der Saint-Etienne-Platz ⑲

Seit dem 13. Jahrhundert so benannt, ist der Place Saint Etienne einer dieser charmanten Plätze Straßburgs, die immerwährend von Schülern und Studenten belebt werden. Viele unter ihnen besuchen das große Renaissancegebäude des Platzes mit seinem verzierten Giebel. Bis zur französischen Revolution war es Sitz des Direktoriums der Adeligen im Niederelsass, heute ist es das Katholische Studentenheim (FEC). Im Zentrum des Platzes beschattet eine große Platane die anmutige Silhouette des „Meise(n)lockers". Diese Statue wurde 1931 durch die Stadt München gegen einen gigantischen Vater Rhein, der vor dem Theater am Place Broglie stand, eingetauscht. Um den Platz herum befinden sich Häuser mit charakteristischen architektonischen Merkmalen. Das Haus Nummer 7 vermischt alle Stile vom 16. bis zum 18. Jahrhundert, es ist mit geschnitzten Köpfen verziert, die unter anderem die Symbole der Musik und der Wissenschaft aufweisen. Das „Zum Himmelreich" genannte Mietshaus hat der benachbarten Rue du Ciel (Himmelsstraße) seinen Namen verliehen, und ebenso hat das „Regenbogenhaus" mit der Hausnummer 10 der Rue de l'Arc-en-Ciel (Regenbogenstraße) seinen Namen gegeben. Vom Place Saint Etienne aus führt die Rue des Frères zum Münster, am „Großen Seminar" des 18. Jahrhunderts vorbei, wo eine umfangreiche Bibliothek untergebracht ist (Besichtigung nur durch Gruppen nach Vereinbarung).

Der charmante „Meiselocker" Münchener Herkunft.

Das europäische Viertel

Das europäische Viertel befindet sich im nördlichen Teil Straßburgs, an der Stelle, wo die Gewässer der Ill mit denen des Marne-Rhein-Kanals zusammentreffen. Schwanenfamilien schwimmen dort ruhig vor den Gebäuden zeitgenössischer Architektur, in denen die europäischen Institutionen ihr Domizil haben. Letztere werden immer zahlreicher in Straßburg, das zusammen mit New York und Genf das Privileg hat, internationale Institutionen zu beherbergen, obwohl sie alle keine Landeshauptstädte sind.
Der 1975 erbaute **Europapalast** ⑳ ist einfach zu erkennen; er ist ein beeindruckender Quader aus rosafarbenem Sandstein, aus Glas und Stahl. Die Fahnen der Mitglieder des Europarates wehen das ganze Jahr über vor seinem Eingang. Dieser ist rund um einen großen Plenarsaal und Innengärten gebaut

Der Europapalast, erbaut von Henri Bernard, erhielt 1975 die Auszeichnung für Architektur „Großer Preis von Rom".

und Sitz des 1949 gegründeten Europarates. Dabei handelt es sich um die erste internationale parlamentarische Vereinigung der Geschichte, die eine stärkere Bindung zwischen den europäischen Staaten, welche die Menschenrechte achten, zum Ziel hat.
1958 wurde Straßburg zum Treffpunkt für die Versammlung der Europäischen Gemeinschaft - heute das in allgemeinen freien Wahlen

Das Gebäude des Europaparlaments spiegelt sich in den Fluten der Ill.

gewählte Europaparlament - auserkoren. 1992 mit dem Gipfel von Edinburgh ist Straßburg Sitz des **Europaparlaments** ㉑ geworden, was den Bau eines neuen Plenargebäudes zur Folge hatte, da sich Europarat und Europaparlament den Europapalast bis dahin teilten. „Architecture Studio", das auch am Pariser Institut du Monde Arabe (Institut der Arabischen Welt) mitwirkte, hat das Projekt 1998 fertiggestellt. Trotz der majestätischen bogenförmigen Fassade, die einen halben Kilometer lang die Ufer der Ill und des Marne-Rhein-Kanals säumt, und des gläsernen Turms, in dem sich das Münster spiegelt, wirkt der Bau jedoch nicht übertrieben kolossal. Eine komplizierte, geschickte Gliederung, die auf den galileischen Kreis und die keplersche Ellipse hinweist, macht

dies möglich. Auf 200000 qm beinhaltet der Bau unter einem Dach - und durch Promenaden, Übergänge und Gärten verbunden - sechs unterschiedliche Abschnitte. Im Zentrum befindet sich der Plenarsaal mit 750 Sitzen, wo die Debatten und die Abstimmungen stattfinden. Mit seiner 8000 qm großen Kuppel aus Eichenholz ist er leicht zu erkennen. Er fügt sich in den weiten Bogen aus Sitzungssälen ein, neben dem 60 Meter hohen mit 1130 Büroräumen ausgestatteten Turm. Die anderen Räume dienen den Arbeitsrunden, dem Pressezentrum, einem Restaurant, den Empfängen usw.

Die Parlamentarier verfügen zudem noch über vier dunkel gefärbte Gebäude, die speziell für sie errichtet wurden. Diese befinden sich in der Verlängerung des Europaparlaments

Luftaufnahme des Europäischen Viertels: links das Europäische Parlament (Gebäude Louise Weiss), und die anderen parlamentarischen

Parlement: ARCHITECTURE STUDIO

Gebäude, rechts der Europapalast und der Palast der Menschenrechte.

und werden als IPE (Bürogebäude der Europäischen Parlamentarier) bezeichnet.

Straßburg ist auch Sitz der Kommission und des **Europäischen Gerichtshofes für Menschenrechte**. Jeder Bürger, der sich als Opfer einer Maßnahme empfindet, die mit der Europäischen Konvention für Menschenrechte nicht zu vereinbaren ist, kann sich an sie wenden. Er muss aber alle nationalen Gerichtswege ausgeschöpft haben und Bürger eines Landes sein, das die Konvention unterzeichnet hat. Ein neuer **Palast der Menschenrechte** ㉒ wurde 1995 eingeweiht. Sein Architekt ist Richard Rogers, der die Lloyds Bank in London entwarf und auch am Centre Beaubourg in Paris mitwirkte. Er sah den neuen Bau *„als ein Schiff, das sich den Konturen des Wassers anpasst. Zwischen zwei Kaminen aus rosafarbenem Vogesenmarmor, welche die Plenarsitzungen des Gerichtshofes und der Kommission für Menschenrechte aufnehmen, ist die äußere Form des Dampfers so luftig wie möglich dank eines Cocktails aus lichtdurchlässigem Glas und metallischen Platten.“*

Der Palast der Menschenrechte ähnelt einem riesigen Schiff, das durch das Wasser gleitet.

Der Orangerie-Park

Die Verliebten rudern über seinen See, die Kinder erfreuen sich an seinem Zoo und die Parlamentarier können sich hier zwischen zwei Sitzungen entspannen: Nur wenige Schritte vom Europaparlament entfernt, ist der Orangerie-Park die größte und meistbesuchte Grünfläche der Stadt. Der Überlieferung nach sollen seine Alleen durch Le Nôtre kurz nach dem Anschluss Straßburgs an Frankreich 1681 entworfen worden sein. 1807 fügte man einen eleganten Pavillon hinzu, um die hundert Orangenbäume aufzunehmen, die Landgraf Ludwig X. von Hessen-Darmstadt der Stadt Straßburg schenkte. Zwei Jahre später wurden dort anlässlich des Besuchs der Kaiserin Joséphine prunkvolle Feste zelebriert. Im folgenden Jahrhundert wurde der Park aus Anlass der Industrie- und Handelsausstellung von 1895 grundlegend verändert. Ein elsässischer Bauernhof aus Molsheim wurde hierher verlegt und dient unter dem Namen „Buerehiesel" heute als Restaurant. Aus der gleichen Zeit stammen der künstliche See und sein Wasserfall sowie der Zoo. Später wurden andere Vergnügungsanlagen wie eine Kegel- und eine Skateboardbahn hinzugefügt. Der Park hat dadurch aber nicht an Charme einbüßen müssen. Dazu tragen besonders seine romantischen Alleen, sein Rosengarten und seine Skulpturen bei. Unter ihnen befinden sich erstaunliche Stücke wie der rote Mond, den nur Neugierige, die sich über den Brunnenrand beugen, zu Gesicht bekommen.

Ein romantischer Pavillon im Orangerie-Park.

Eine Insel des Friedens im Herzen der Stadt.

Typisches aus Straßburg und dem Elsass

Die bunte Welt der Töpferwaren

Töpferwaren gehören zu den meist angebotenen Souvenirgegenständen. Die beliebtesten kommen aus Betschdorf und Soufflenheim, zwei Dörfern, die 30 km nördlich von Straßburg liegen. Dort üben die Handwerker noch in althergebrachter Weise ihre Kunst aus. Alle Modelle dieser Töpferwaren werden fast überall in Straßburg angeboten.

ben antrifft, aber auch Bierkrüge, Essigfässchen und andere Töpfe in allen Größen: für Senf, Schweineschmalz, Eier, Sauerkraut usw.
Die Töpferwaren aus Soufflenheim sind viel farbenfroher. Ihre gedrehten oder gegossenen Formen werden mit Hilfe eines Spritzbeutels bemalt

Betschdorfer Töpferwaren.

Soufflenheimer Töpfereikunst.

Die Töpfe aus Betschdorf sind leicht an ihrer grauen Farbe und ihren feinen kobaltblauen Motiven zu erkennen. Während des Brennens in 1300°C heißen Öfen werden ihnen Salze beigemischt, dadurch entsteht ihre Glasur. Diese besonders heikle Machart setzt eine perfekte Beherrschung von Tonerde und Feuer voraus. Aus den Betschdorfer Töpfereien kommen die sympathischen kleinen Weinkrüge, wie man sie in den Weinstu-

nach der Art der Bäcker, die so ihre Torten verzieren. Die Farben werden aus Tonerde, Wasser und Metalloxiden hergestellt, was eine an Nuancen abwechslungsreiche Palette ermöglicht. Die meistens naiven Motive beinhalten Herzen, Margeriten und Vögel. Aus den Soufflenheimer Töpfereien kann man traditionelle Gegenstände wie „Kougelhopfbackformen" oder „Baeckeoffetöpfe" kaufen. Man findet aber auch etwas veraltete Gegenstände, die neu gestaltet wurden: Kammständer, Löffelständer, Backformen, Miniaturgeschirr und Spielzeug.

Ein raffiniertes Handwerk

Unter den kunsthandwerklichen Souvenirs kann man sich eines der wunderbaren Bilder in Einlegearbeit, die ein Dorf oder eine elsässische Landschaft darstellen, aussuchen. Einlegearbeiten waren früher den Tischlern vorbehalten, aber Charles Spindler hat am Anfang des 19. Jahrhunderts diese Technik perfektioniert, um richtige Gemälde zu schaffen. Seine Nachahmer verfolgen diese zeitaufwendige Machart, die durch Anfügen verschiedener Holzarten die feinsten Details einer zuvor entworfenen Zeichnung wiedergibt.

Man kann natürlich eine der Malereien unter Glas bevorzugen, die sich durch leuchtende Farben und naive Motive auszeichnen. Früher hingen sie in jeder elsässischen Stube an einem der besten Plätze. Diese Form der Malerei kam ursprünglich aus Böhmen und hatte zwischen 1750 und 1850 großen Erfolg. Heutzutage haben ihr talentierte Künstler zu neuem Glanz verholfen.

In die Koffer gepackt

Ein bemaltes Möbelstück dagegen, so typisch es auch sein mag, würde das Gepäck des Reisenden zu sehr belasten. Er sollte sich deshalb auf schön verzierte Schachteln, Holzschuhe oder Spielsachen beschränken, um sich ein Bild dieser Kunst des bemalten Holzes zu machen, die seit dem 17. Jahrhundert im Elsass üblich ist.

Auch Textilien sind wenig platzraubende Souvenirs. Viele Taschentücher, Tischdecken und Halstücher sind mit traditionellen Motiven aus der Elsässischen Folklore verziert. Die bekanntesten sind die „Hansi Tischdecken" oder die mit Kaschmirmotiven.

Einige Weber haben die Herstellung des „Kelchs" wiederaufgenommen. Es handelt sich dabei um einen Stoff, der dem Schottenstoff ähnelt. Er wird mit Strängen verschiedener Farben gewebt, hauptsächlich in Blau und Rot.

Holzschuhmacher, ein aussterbender Beruf.

Gastronomischer Wegweiser

Die beste Gänseleber kann man in einem der zahlreichen Lokale genießen. Die meistgepriesene ist dabei die Gänseleberpastete nach dem Rezept von Pierre Clause, Koch des Maréchal de Contades im 18. Jahrhundert.

Die Mahlzeit kann natürlich mit Sauerkraut fortgeführt werden. Das gibt es in vielfachen Variationen: mit Fisch, nach jüdischer Art usw. Auch der Baeckeoffe, ein Eintopf aus Schweine-, Lamm- und Rindfleisch, der ehemals im Ofen des Bäckers zubereitet wurde (daher der Name), ist eine sehr geschätzte Alternative. Selbstverständlich werden viele andere Speisen in den Straßburger Restaurants angeboten: Hahn in Rieslingsoße, Hasenpfeffer oder gefüllter Schweinebauch. Für Fischliebhaber ist das Ragout aus Aal, Hecht, Karpfen und Barsch oder aber der Zander, serviert mit hausgemachten, mit Rieslingsoße übergossenen „Spaetzele" oder Nudeln, eine exquisite Wahl. Als Käse bietet sich der typisch streng riechende Münster mit oder ohne Kümmel an. Andere Nachtischmöglichkeiten sind die Obst- oder Käsetorten – besonders gut schmeckt im Spätsommer der Zwetschgenkuchen.

Es kann auch vorkommen, dass man einen kleinen Appetit stillen möchte. Dazu bieten sich die „Winstube", diese gemütlichen Weinschänken an, die man besuchen sollte, wenn man wirklich am Straßburger Leben teilnehmen möchte. Hier dreht sich alles

Der große Klassiker der elsässischen Küche: das Sauerkraut.

Die unbeschreibliche Gänseleber als Krönung eines Festmahls.

um die in Krügen servierten elsässischen Weine, die nach ihrer Rebsorte benannt sind: Riesling, Gewürztraminer, Pinot, Sylvaner usw. Dazu werden auf den Speisekarten der „Winstube" viele kleine Gerichte angeboten. Es handelt sich meistens um Schweinefleisch wie bei den „Wädele", den Schweinshaxen, den „Rippele", einem Gericht aus Schweinerippen, dem „Presskopf", dem „Schweinskopf", oder noch dem „Männerstolz", einer besonders großen Wurst. Aber man kann auch andere Spezialitäten kosten: Zwiebelkuchen, Emmentaler Salat oder Quark. Letztlich bieten immer mehr Restaurants Flammkuchen an, besonders am Wochenende. Es handelt sich dabei um ein einfaches Gericht aus Sahne, Speck und Zwiebeln, das ehemals mit dem übriggebliebenen Brotteig im Ofen des Bäckers zubereitet wurde. Der Flammkuchen wird als eine große Torte serviert, die man sich zu mehreren teilt und die man rollt, um sie ohne Besteck zu genießen. Dieses Gericht ländlicher Herkunft gehört heute zu den Freuden der Stadtbewohner.

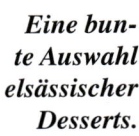

Eine bunte Auswahl elsässischer Desserts.

Weihnachten in Straßburg

Straßburg wurde in den letzten Jahren zur Weihnachtshauptstadt erkoren und ist während des ganzen Dezembers festlich geschmückt. All dies hat seinen Ursprung in seinem mittelalterlichen Weihnachtsmarkt, der lange nur auf einer kleinen Fläche stattfand. Heute gibt es nicht auf dem es überall nach dem Zimt des Glühweins und den weihnachtlichen Backwaren duftet. Denn zum Wichtigsten gehören die Leckereien und Spezialitäten, die zu diesem Anlass hergestellt werden, vom „St.-Nikolaus-Maennele" bis zum „Neujahrsstollen". Die Fremdenführer

Alles Nötige für das Weihnachtsfest findet man in den Verkaufsbuden des Christkindelsmäriks.

nur einen solchen Markt sondern mehrere, die mit anderen Veranstaltungen über die ganze Stadt verstreut sind. Ein märchenhaft beleuchteter Rundgang geht vom Place de la Gare (Bahnhofsplatz) bis zum Münsterplatz und berührt auch alle anderen wichtigen Plätze der Stadt. Krippen, Schlittschuhbahnen unter freiem Himmel, riesige Weihnachtsbäume, Theater und Konzerte trifft man auf dem ganzen Weg an, erinnern an die Weihnachtstraditionen und besonders an die des St.-Nikolaus-Marktes, des Vorfahren der heutigen Weihnachtsmärkte.

Im Mittelalter fand der Markt übrigens am Fuße des Münsters statt. Verschiedene Handwerker wie Töpfer, Holzfräser und Schlosser übten dort ihre Künste aus. Die Reformation um 1500 hat beinahe das Ende dieses ursprünglich katholischen